BEI GRIN MACHT SICH IHR WISSEN BEZAHLT

- Wir veröffentlichen Ihre Hausarbeit,
  Bachelor- und Masterarbeit

- Ihr eigenes eBook und Buch -
  weltweit in allen wichtigen Shops

- Verdienen Sie an jedem Verkauf

Jetzt bei www.GRIN.com hochladen
und kostenlos publizieren

Isabelle Walther

Digitale Wachhunde

Medienkritik dank Weblog

GRIN Verlag

Bibliografische Information der Deutschen Nationalbibliothek:

Die Deutsche Bibliothek verzeichnet diese Publikation in der Deutschen National-
bibliografie; detaillierte bibliografische Daten sind im Internet über http://dnb.d-
nb.de/ abrufbar.

Impressum:

Copyright © 2006 GRIN Verlag GmbH
Druck und Bindung: Books on Demand GmbH, Norderstedt Germany
ISBN: 978-3-638-84514-4

Dieses Buch bei GRIN:

http://www.grin.com/de/e-book/77861/digitale-wachhunde

GRIN - Your knowledge has value

Der GRIN Verlag publiziert seit 1998 wissenschaftliche Arbeiten von Studenten, Hochschullehrern und anderen Akademikern als eBook und gedrucktes Buch. Die Verlagswebsite www.grin.com ist die ideale Plattform zur Veröffentlichung von Hausarbeiten, Abschlussarbeiten, wissenschaftlichen Aufsätzen, Dissertationen und Fachbüchern.

Besuchen Sie uns im Internet:

http://www.grin.com/

http://www.facebook.com/grincom

http://www.twitter.com/grin_com

Digitale Wachhunde:
Medienkritik dank Weblog

Semesterarbeit im Fachbereich

Digitale Wirtschaft und Gesellschaft

HTW Chur

Bearbeitet von

Isabelle Walther

Chur, Januar 2006

Inhaltsverzeichnis

1. Einordnung des Themas

Mitte der 90er Jahre befanden sich die Medien in einem einzigartigem Aufstieg, doch seit dem Jahr 2001 befinden sie sich in einer ebenso einzigartigen Krise. Hohe Verluste und Streichung von Arbeitsplätzen im erhofften Zukunftsmarkt der Online-Inhalte sind keine Seltenheit. Offenbar erhoffte man sich mit kostenpflichtigen Artikeln ein gewinnbringendes Geschäft, was sich im Nachhinein als grosse Illusion herausstellte. Daraus folgt, dass sich der New-Media-Sektor nicht richtig durchsetzen konnte. Trotz des enormen Erfolges des Internets hadern die professionellen Medien mit den Herausforderungen, die dieses neue Medium an sie stellt. Es wurde zwar viel Aufwand und grosse Investitionen in Onlineprojekte gesteckt, aber die meisten von ihnen scheiterten. Bekannte Beispiele sind: Bertelsmann mit Lycos und Springer mit Bild.de. Das flüchtige Wesen des Internetnutzers macht es der althergebrachten Medienbranche auch nicht gerade einfach mit ihren Kunden langfristig zu planen. Aus dieser Not entwickelten sie Portale. Eine Einstiegswebsite, die den User gar nicht auf die Idee kommen lassen sollte, auf andere Angebote im Web zurückzugreifen. Doch die Rechnung ging nicht auf. Die meisten Nutzer ignorierten die Portale oder nahmen bestenfalls die E-Maildienste in Anspruch. Die Ausnahmen von der Regel bilden zum Beispiel Spiegel.de und Heise.de, welche sich im Laufe der Zeit zu richtigen Marken im Internet entwickelten. Was die professionellen Medien deshalb zuletzt gebrauchen können, ist eine neue Konkurrenz. Eine, die schneller ist, bei Google im Ranking ganz vorne steht, sich gegenseitig vernetzt, authentisch ist und sich einem grossen Leserkreis erfreut. All diese Merkmale erfüllt ein Weblog.

In der Vergangenheit hatten die Journalisten das sogenannte Gatekeeper-Monopol, denn Sie entschieden welche Information als relevant galten und welchen Ausschnitt der Wirklichkeit dem Nutzer letztlich präsentiert wurden.[1] Heute ist dies mit den Weblogs nicht mehr ganz so einfach. Amerikanische Journalisten nehmen das Phänomen Blog auch sichtlich ernster als ihre Kollegen im Deutschen Sprachraum. „Mathias Müller von Blumencron, Chefredaktor von Spiegel Online, machte sich im November 2004 nicht gerade zum König der Blogger-Herzen, als er in einem Interview kundtat, 99 Prozent aller Blogs seien `Müll` und nachschob, `oder zumindest nicht journalistisch relevant`."[2] Dieser Aussage haben Blogger jedoch mehrere Argumente entgegenzuhalten.

Ihr Motto lautet: Don`t hate the media. Become the media.

---

[1] Vgl. Alphonso, Blogs!, S.24ff.
[2] Lohmöller, Blogs sind? Blogs sind!, S.222.

2. Was sind Weblogs?

Eine genaue, einheitliche Definition von Weblog (oder abgekürzt Blog) gibt es nicht. Deshalb wird hier versucht dieses Phänomen zu erklären.

„Ein Weblog [ein Kunstwort aus Web und Logbuch] ist eine regelmäßig aktualisierte Webseite, die aus datierten Einträgen in anachronistischer Reihenfolge besteht. Der Text wird oft mit Bildern oder Links angereichert. Blogs haben den Charakter eines halböffentlichen, aktuellen Journals, der an ein Tage- oder Notizbuch erinnert und zur Kommunikation einlädt: Andere Blogger kommentieren, diskutieren und verlinken interessante Einträge. Zur Nutzung eines Blogs sind generell keine Online-Fachkenntnisse notwendig. Im Gegensatz zu Deutschland werden in den USA, Frankreich und Großbritannien Blogger bereits als publizistische Macht wahrgenommen."[3]

„Weblog-Autoren werden Blogger genannt, das können z.B. Privatpersonen, Berufsverbände, Parteien, Interessengruppen und auch Journalisten sein. Generell gilt, dass, gerade in Abgrenzung zu etablierten Medien, keine Qualifikationen notwendig sind und keine Kontrollorgane, wie z.B. der Chefredakteur, existieren."[4]

Mit Weblogs verbreiten sich Themen und Ideen rasend schnell, doch[5] „sind es mehrere Aspekte, die Weblogs ganz erheblich von anderen Mischformen aus Kommunikation und Information im Internet wie Foren und Mailinglisten unterscheiden: Zum Einen ermöglichen RSS[6] [...] und Trackbacks[7] ein hohes Verbreitungstempo bzw. Rückkopplungseffekte zwischen Beiträgen und verschiedenen Blogs. Andererseits ist der Autor weit weniger Anonym als zum Beispiel in grossen Mailinglisten und kann deutlich besser eingeschätzt werden. Ein Beitrag steht im Kontext zu anderen Informationen über Autor sowie anderen Beiträgen von ihm. Anstatt dass die Menschen sich zuerst miteinander in Verbindung setzen, vernetzen sie zuerst ihre Themen und Gesprächsfäden. [...] Oft mutet das Ergebnis an wie eine interaktive Mindmap."[8] „Es ist hilfreich, die formalen und technischen Aspekte unter dem Begriff „Weblogs" zusammenzufassen und im Gegensatz dazu die inhaltlichen und sozialen Auswirkungen als `Blogospäre` zu benennen. Letztere machen das Wesen der Blogs aus, denn die Lebendigkeit besteht im Vernetzen von Informationen und Gesprächfäden."[9]

Unbestritten ist, dass Weblogs ein Massenphänomen darstellen. Ihre Relevanz ist schwer

---

[3] http://www.recherchehilfen.de/recherche%20online_blog_a.htm (06.01.2006).
[4] http://www.recherchehilfen.de/recherche%20online_blog_a.htm (06.01.2006).
[5] Vgl. Lohmöller, Blogs sind? Blogs sind!, S.222.
[6] RSS (Abkürzung für *Really Simple Syndication*) ist eine Technologie, die es dem Nutzer ermöglicht, Inhalte einer Webseite – oder Teile davon – zu abonnieren.
[7] Als Trackback bezeichnet man eine Funktion, mit der Weblogs Informationen über Reaktionen bzw. Kommentare durch einen automatischen Benachrichtigungsdienst untereinander austauschen können.
[8] Lohmöller, Blogs sind? Blogs sind!, S.222f.
[9] Lohmöller, Blogs sind? Blogs sind!, S.223.

einschätzbar, zumal viele Blogs über Monate nicht aktualisiert werden.[10] Trotzdem „trägt die Blogosphäre mittlerweile einen gewissen Anteil daran, aus einem Haufen Informationen im Netz einen Haufen vernetztes Wissen zu machen.“[11]

3. Entstehung und Entwicklung von Weblogs

In den frühen 90er Jahren richtete Tim Berners-Lee, der Erfinder des WWW, eine erste Art von Weblog ein. Auf http://info.cern.ch entstand eine aktuelle und chronologisch angeordnete Liste von den neusten Websites. Auch ein Vorläufer der heutigen Weblogs war die Whats' New Page von Netscape. Zwischen 1993 und 1996 wurden dort interessante Links mit kurzen Inhaltsangaben veröffentlicht. 1997 begann mit den ersten übersichtlichen Communitys die eigentliche Weblogära.

Um einen Weblog erstellen und pflegen zu können, musste man damals entsprechende Vorkenntnisse Im erstellen von Websites haben. Dies änderte sich im Jahre 1999 als die ersten Weblog-Systeme auf dem Markt kamen. Nun war es auch für HTML-Anfänger möglich, einen eigenen Weblog zu starten und unterhalten. Zu den bekanntesten Softwarelösungen gehört blogger.com, welche vor kurzem von Google aufgekauft wurde. Durch diese neue Einfachheit vermehrten sich die Weblogs explosionsartig.

Richtig bekannt wurden Blogs jedoch mit dem 11. September 2001, als die ersten Auswirkungen der Anschläge auf das World Trade Center in New York sichtbar wurden. Blogger berichteten schneller und authentischer als die herkömmlichen Medien. Auch im Afghanistan-Krieg im Winter 2001/2002 berichteten die Blogger, was wirklich geschah. Die amerikanischen Medien berichteten dagegen sehr regierungsfreundlich und patriotisch.[12] „Mittlerweile haben sich Weblogs zu einem bedeutenden Hype innerhalb des Internets entwickelt.“[13] Vieles deutet darauf hin, dass dieser Boom noch anhält.[14]

4. Graswurzel-Journalismus

Im Zusammenhang mit Weblogs und Medienkritik stösst man immer wieder auf den Begriff des Graswurzel-Journalismus. Weblogs werden oft als neuer Graswurzel-Journalismus bezeichnet.

---

[10] Vgl. Lohmöller, Blogs sind? Blogs sind!, S.223.
[11] Lohmöller, Blogs sind? Blogs sind!, S.224.
[12] Vgl. http://www.tzwaen.com/publikationen/weblogs-einfuehrung (06.01.2006).
[13] http://www.tzwaen.com/publikationen/weblogs-einfuehrung (06.01.2006).
[14] Vgl. http://www.tzwaen.com/publikationen/weblogs-einfuehrung (06.01.2006).

„Graswurzel-Journalismus (auch partizipativer Journalismus genannt) wird meist im Zusammenhang mit den neuen Formen von Publikationen im Internet, z.b. den Weblogs, erwähnt. [...]

Die Herkunft des Wortes Graswurzel-Journalismus selbst, das aus dem Bereich der Publizistik stammt, geht auf ein Konzept für einen friedensfördernden Journalismus zurück. Der norwegische Friedensforscher Johan Galtung hat ein Konzept eines solchen Journalismus entwickelt.

Eine gängige Definition für partizipativen Journalismus von Shayne Bowman und Chris Willis lautet übersetzt:

`Partizipativer Journalismus ist die Tätigkeit eines Bürgers oder einer Gruppe von Bürgern, die eine aktive Rolle im Prozess der Recherche, des Berichtens, des Analysierens, sowie des Verbreitens von Nachrichten und Informationen einnehmen. Ziel dieser Partizipation ist die Bereitstellung von unabhängigen, verlässlichen, genauen, ausführlichen und relevanten Informationen, die eine Demokratie benötigt.“[15]

Dies zeigt, wie bedeutsam Weblogs teilweise schon wahrgenommen werden. Ob ein Weblog all diese Tatbestände erfüllt, ist jedoch stark umstritten. Nicht von der Hand zu weisen ist sicherlich, dass bei Weblogs ein enormes Potential im Bereich des Graswurzel-Journalismus festzustellen ist.

5. Aktueller Stand: Medienkritik dank Watchblogs

Zu praktisch jedem Thema gibt es einen Weblog. Sehr bliebt sind vor allem in den USA die sogenannten Watschblogs. Es handelt sich hierbei um „Blogs, die sich auf die Kommentierung und Überprüfung von Inhalten klassischer, erfolgreicher Medien spezialisiert haben.“[16] Dieses Blog-Phänomen entwickelte sich in den USA und erreichte seit kurzem auch Deutschland und die Schweiz. Diese Art von Blogs sind bei uns jedoch noch wenig verbreitet. Vielleicht ist das Bedürfnis einfach noch nicht geweckt worden, oder die Bevölkerung hat in ihre Medien grosses Vertrauen und sieht keinen Grund für deren „Überwachung“. Tatsächlich gibt es Entwicklungen, die eher das Gegenteil vermuten lassen. In der Schweiz existieren seit kurzer Zeit auch verschieden Watchblogs, die auf Fehler von hiesigen Medien aufmerksam machen wollen. Zum Beispiel der Pendlerblog,[17] welcher die Pendlerzeitung 20 Minuten unter die Lupe nimmt.

---

[15] http://de.wikipedia.org/wiki/Graswurzel-Journalismus (06.01.2006).
[16] http://www.recherchehilfen.de/recherche%20online_blog_a.htm (06.01.2006).
[17] Website unter http://pendlerblog.blogspot.com (06.01.2006).

„Das zur Zeit bekannteste Schweizer Weblog dürfte das von einem Studenten betriebene Medienblog "Dienstraum"[18] sein, das sich den Themen Medien, Telekommunikation, Internet und Entertainment widmet und 2004 sogar für den Online Award für Medienjournalismus des Grimme-Instituts nominiert war. Andere wie "Mediaschau"[19] oder "Medienspiegel"[20] beleuchten und kommentieren die Entwicklungen in der Schweizer Medienbranche. In Deutschland, aber grenzüberschreitend, arbeitet das "Medienlog" des Journalistennetzwerkes "jonet"[21] daran, tagesaktuell alle relevanten und im Netz verfügbaren Beiträge zu Medien und Journalismus aufzulisten."[22] Wie rege diese Blogs genutzt werden, ist jedoch nicht feststellbar. Bei www.blogger.com findet man alle Weblogs, entweder nach Name oder Inhalt. Auch sehr interessant ist die Website www.slug.ch, welche einen guten Überblick auf die Schweizer Weblogs bietet.

In ihrer Grösse und Bekanntheit können die genannten Weblogs allerdings keineswegs mit dem meist beachtetsten Watchblog des deutschen Sprachraums, dem BILDblog, mithalten.

5.1. Der BILDblog.de

Auf www.BILDblog.de wird gleich selbst erklärt, was der Sinn und Zweck dieses Blogs ist. „Was heute in der "Bild"-Zeitung steht, steht morgen überall. Vielleicht sollte man sich also mal genauer anschauen, was sie schreibt. Die kleinen Merkwürdigkeiten und das große Schlimme."[23]

Täglich lesen Millionen, was die grösste Tageszeitung von Europa berichtet. Politiker und Journalisten bedienen sich oft der Themen aus der Bild-Zeitung, was ihr wiederum grossen Einfluss auf die Gesellschaft verleiht. Natürlich glaubt man der Bild-Zeitung nicht alles. Doch unbestreitbar hat die Bild-Zeitung den Ruf als Sprachrohr des kleinen Mannes. Zur täglichen Aufgabe von Medienjournalisten gehört das Lesen der Bild-Zeitung. So auch für Christoph Schultheis. Doch ihn störten mit der Zeit die häufigen Fehler und Ungereimtheiten, die er immer wieder entdeckte. Er und drei seiner Kollegen erfanden den BILDblog, um im Internet den Lesern diese Fehler der Bild-Zeitung aufzuzeigen.

Laut Schultheis schreibt die Bild oft aus anderen Zeitungen, ohne Nennung der Quelle, ab. Nahezu täglich werden die Blogger fündig. Auch versteckte Werbung, zum Beispiel für McDonalds, werfen die Blogger der Bild-Zeitung vor.[24]

---

[18] Website unter http://www.dienstraum.com (06.01.2006).
[19] Website unter http://mediaschau.blogspot.com (06.01.2006).
[20] Website unter http://www.medienspiegel.ch (06.01.2006).
[21] Website unter http://www.jonet.org/showlog.php (06.01.2006).
[22] http://www.medienheft.ch/kritik/bibliothek/k23_vonStreitAlexander.html (06.01.2006).
[23] http://www.bildblog.de (06.01.2006).

Leitthemen der Bild sind Sex, Kriminalität und Krieg. Auch Prominentenklatsch und Sport sind beliebte Themen. Meistens sind die Artikel hochstilisiert oder gar frei erfunden. Die Bild bezeichnet ihre fragwürdigen Journalismusmethoden selbst als Neuen Journalismus.

Den riesigen Erfolg des BILDblogs, lässt die Bild-Zeitung angeblich kalt. Das dies eher nicht der Fall ist, zeigen jedoch Zugriffsstatistiken von BILDblog. Aus denen geht hervor, dass sich auch Nutzer über den Server des Springer-Verlags den Blog anschauen.[25] Das Schaffen des BILDblogs wurde schon mit zwei Preisen geehrt: Dem Leuchtturm-Preis des Netzwerkes Recherche 2005 für besondere publizistische Leistungen und mit dem Grimme Online Award 2005 in der Kategorie Information.[26]

6. Blogger vs. Journalisten

Der Hauptteil dieser Arbeit soll aufzeigen, wie sich Blogger und Journalisten gegenseitig beeinflussen und wo ihre Stärken und Schwächen liegen. „Gerade weil sie so eng verwandt sind, weil beide mit der Sprache wie mit dem dauernden Veröffentlichungszwang kämpfen, beobachten sich Blogger und schreibende Journalisten eifersüchtig, stänkern gegeneinander und werfen sich gegenseitig Plagiarismus vor – und lernen doch voneinander."[27] Dieses Zitat beschreibt die komplizierte Beziehung zwischen Bloggern und Journalisten.

6.1.Ungleiche Ausgangslage

Spiegel.de oder Netzeitung.de beschäftigen sich, als überregionale Seiten, fast ausschliesslich mit grossen Themen. Lokalmedien sind häufig nicht im Stande oder bereit, Geschichten vor Ort zeitnah und online zu veröffentlichen. Abgesehen davon, ist in der Regel der Aufwand für die wenigen Nutzer auch viel zu hoch. Blogger sind dagegen überall. Sie müssen im Gegensatz zu den Zeitungen nicht kalkulieren, ob es sich lohnt, einen Journalisten für ein bestimmtes Thema loszuschicken. Solche Bereiche, von denen sich die traditionellen Medien zurückgezogen haben, sind wie geschaffen für die Blogs. Themen, die niemals die Massen erreichen könnten, sind deshalb auch Inhalt der meisten Blogs. Blogger achten in erster Linie nicht darauf was ihre Nutzer lesen wollen. Sie schreiben einfach darauf los, egal wie interessant oder uninteressant das gewählte Thema für andere sein mag. Trotzdem können die

---

[24]Vgl.http://www.tagesschau.de/aktuell/meldungen/0,1185,OID3481750_TYP6_THE_NAVSPM1_REF1_BAB, 00.html (06.01.2006).
[25]Vgl.http://www.tagesschau.de/aktuell/meldungen/0,1185,OID3481750_TYP6_THE_NAVSPM1_REF1_BAB, 00.html (06.01.2006).
[26] Vgl. http://www.bildblog.de (06.01.2006).
[27] Alphonso, Blogs!, S.15.

Folgen für die Medien problematisch sein. Das Publikum, dass sich lieber auf Blogs verweilt, fehlt den Websites der Mediengiganten als Basis für ihre Anzeigenpreise.[28]

6.2. Der Inhalt zählt

Obwohl es simpel klingen mag, sind Medien an Ereignisse gebunden. Es gibt sozusagen keine Nachricht, wenn nichts Besonderes passiert. Zumindest trifft das beim professionellen Journalismus zu. Eine Grundregel, die unumstösslich ist und mit ein Grund, weshalb sich Medienmacher davon distanzieren, Bloggen als etwas Artverwandtes des Journalismus zu sehen. Dass auch Banalitäten und normale Alltagsituation, die Aufmerksamkeit der Leser auf sich ziehen können, beweisen die Weblogs. Gerade dass nichts Ungewöhnliches beschrieben und wiedergegeben wird, macht Weblogs für eine treue Anhängerschaft ungemein interessant. Natürlich blieb der Reiz des Normalen den Medien selbst auch nicht verborgen. Diverse Magazine und Beilagen erhoben das Nichtgeschehen zur Nachricht, das Belanglose zum Trend. Genannt wurde diese Form Popjournalismus. Es wurde demzufolge erkannt, dass auch Latte Macchiato und ein Einkauf bei Ikea Themen sein können. Aus Kostengründen wurden jedoch die meisten Projekte dieser Art beendet. Dieser Markt, den sich die Medien nicht mehr leisten können oder wollen, gehört nun der Bloggerszene.[29]

6.3. Einfluss von PR und Werbung

60 bis 80% der Nachrichten in Tageszeitungen sind auf die Arbeit zwischen Presse und PR-Agenturen zurückzuführen. Dies wird zumindest von den PR-Agenturen so behauptet. Die Zeitungen neigen eher dazu dies zu bestreiten. Solange von den Medien kritisch berichtet wird, stellt dies auch kein Problem dar. Allerdings wird oft verschwiegen, dass zum Beispiel das exzellente Bildmaterial von einem vorgestellten Produkt nichts kostete, weil es von der PR-Agentur besorgt wurde. Im schlimmsten Fall hat dieses Bild mit der Wirklichkeit nichts zu tun und das Produkt sieht im täglichen Gebrauch ganz anders aus. Auch die beschriebenen Eigenschaften des Produkts können von schön formulierten Vorlagen der PR-Agenturen stammen und sind deshalb nicht gerade authentisch. Über die wirklichen Tücken und Macken wird in den Blogs schonungslos berichtet. Viele Leser begrüssen diese Subjektivität und halten diese für glaubwürdiger. Blogger sind trotzdem keine besseren Menschen. Wahrscheinlich würden sie genau gleich wie die Journalisten schreiben, wenn sie von der PR-Maschinerie eingedeckt würden. Weil es aber zu viele Blogger gibt, wird dies nicht geschehen.

---

[28] Vgl. Alphonso, Blogs!, S.27.
[29] Vgl. Alphonso, Blogs!, S.28.

Aus Werbung, in Form von Anzeigen, finanzieren sich die meisten Medienhäuser. Medienethik spielt im harten Alltag der Medien längst eine untergeordnete Rolle. Wichtig ist vor allem die Reichweite und die Zielgruppe für das Marketing, um genügend Anzeigen an Land ziehen zu können. Freundliche Erwähnungen des Kunden sind weitverbreitet und gehören zur Tagesordnung. Blogger sind für die Werbung nicht Ideal, weil sie als unbezahlte Autoren agieren. Es gibt für sie keinen Grund, mehr oder weniger deutlich, Promotion in ihre Arbeit einfliessen zu lassen.[30]

6.4. Wer recherchiert besser?

Für Blogger sind grosse Nachrichtenportale wie Spiegel.de als Quellen unverzichtbar. Sie vergleichen die verschiedenen Quellen. Auf allfällige Ungereimtheiten können sie so schnell Aufmerksam machen. Oft sind Blogger Spezialisten auf einem Gebiet, die erklären und aufzeigen, warum Aussagen von Journalisten eventuell problematisch sind. Diese Korrektur und Kritik an Journalisten ist sehr beliebt. Es kann passieren, dass bei Google ein Blog mit einem korrigierten Artikel, vor dem eigentlichen Artikel im Rankig steht. Als wenn das für den betroffenen Journalisten nicht schon genug ärgerlich währe, befindet er sich sogleich in einer Zwickmühle. Wenn der Blogger recht hat und der Journalist den Beitrag verändert, gesteht er so seine Inkompetenz ein. Falls er nichts ändert, gilt er vielleicht als uneinsichtig und folglich wiederum als Inkompetent. Die Glaubwürdigkeit der professionellen Medien wird anhand solcher Korrekturen nicht unbedingt gefestigt. Aus der Sicht der Journalisten können Blogs wiederum genau das Material sein, das sie in Zeiten der Krise und des Kostendruckes in ihrer Branche dringend suchen. Blogger sind in der Lage, Themen so darzustellen, dass jeder sie versteht. Sie selektieren Links und ordnen die Quellen ein. Alles aufwendige Arbeit, die sie den Journalisten abnehmen. Unabhängiges Sammeln und Bewerten von Quellen und bearbeiten eines komplexen Sachverhalts für ein breites Publikum, sind die Basis von Qualitätsjournalismus. Für Journalisten kann es verlockend sein, darauf zurückzugreifen, dass ganze ein wenig umzuschreiben und so zeitsparend einen vollständigen, sauber recherchierten Artikel zu veröffentlichen. Ob dies in der Praxis geschieht und wie oft, ist jedoch spekulativ.[31]

6.5. Einfluss von Vernetzung und Schnelligkeit

Um etwas im Internet zu finden, wird meist die Suchmaschine Google verwendet. Unter anderem durch die Häufigkeit der Verlinkung, können sich Websites bei Googel ganz vorne

---

[30] Vgl Alphonso, Blogs!, S.29ff.
[31] Vgl. Alphonso, Blogs!, S.31ff.

in die angezeigten Treffer hieven. Damit haben die traditionellen Medien eher ein Problem. Um den Nutzer von ihrer Website nicht abzulenken, verlinken sie lieber intern. Zum Beispiel auf ältere Artikel oder auf andere Websites des gleichen Medienkonzerns. Im Gegensatz dazu strotzen die Blogs nur so von Links. Es gehört zum guten Ton, bevorzugte Weblogs mit einer Linkliste den eigenen Lesern zugänglich zu machen. Google scheint die Gunst der Stunde erkannt zu haben und kaufte vor kurzem den Weblog-Anbieter blogger.com.

Wie bereits erwähnt, werden Nachrichten via Weblog sehr schnell verbreitet. Was daran liegt, dass zwischen dem Impuls zum schreiben und der Veröffentlichung des Artikels nur wenige Minuten liegen. Nicht so bei den traditionellen Medien, die Tagesaktualität spielt hier eine grosse Rolle. Dies bedeutet, dass man Themen längerfristig plant, um in der Vielzahl der täglich erscheinenden Medien, eine ausgewogene Berichterstattung zu gewährleisten. Das dies länger dauert, versteht sich von selber. Oft erscheint ein Artikel gar nicht auf der Website der herkömmlichen Printmedien. Dies war nicht immer so, während dem Aufschwung der New Economy war es ein Ziel der Online-Redaktionen, den User durch ständige Neuigkeiten an ihre Website zu binden. Durch ihre Vernetzung und Schnelligkeit entwickeln sich Weblogs immer mehr zur ernsten Konkurrenz von Online-Zeitungen.[32]

7. Gewinner und Verlierer

Ganz sicher zählen die Leser von Weblogs zu den Gewinnern, weil sie dank den Weblogs schneller und kritischer informiert werden. Folglich sind auch die Weblogs, insbesondere Watchblogs, Gewinner, weil sie dank ihrer Subjektivität und Unabhängigkeit immer beliebter werden. Auch die Anbieter von Weblogsystemen wie blogger.com gehören zu den Gewinnern. Die Suchmaschinen wie Google und Co. können dank den Weblogs auch vermehrt kostenpflichtige Plätze verkaufen, weil die Onlinezeitungen sicher stellen wollen, dass sie ganz oben im Ranking stehen und somit vor den Weblogs angeklickt werden.

Ebenso Marketer, die schon entdeckt haben, dass Weblogs neue Instrumente für sie darstellen. Auch Unternehmen, die sich den Weblogs als Marketinginstrument bedienen, gehören zu den Gewinnern. Nicht zu vergessen sind die Politiker, die dank eigenen Blogs ihre Beliebtheit bei den Wählern steigern. Sowie Menschen, die in Länder leben, in denen die Medien vom Staat kontrolliert werden. Durch Weblogs können auch sie ihre Meinung frei äussern. Verlage, die Bücher über das heissbegehrte Thema veröffentlichen, zählen natürlich auch zu den Gewinnern. Klassischen Medien wie zum Beispiel die Bild-Zeitung und deren Verleger, gehören allerdings zu den Verlierern. Durch die Weblogs haben sie an

---

[32] Vgl. Alphonso, Blogs!, S.34ff.

Glaubwürdigkeit eingebüsst. Insbesondere für Journalisten sind schwierige Zeiten angebrochen. Sie müssen sich bewusst sein, dass sie beobachtet werden und ihre Arbeit hinterfragt wird. Auch die PR-Agenturen gehören zu den Verlierern. Es ist nicht mehr so einfach Produkte der Öffentlichkeit zu verkaufen, denn Blogger haben sich zu starken Kritiker entwickelt. Es werden immer weniger Zeitungen gekauft. Daraus folgt, das die Werbe-Anzeigen immer mehr ins Internet gestellt werden. Zu den Verlieren gehören deshalb auch die Werbeagenturen, die von solchen Werbe-Anzeigen leben.

8. Fazit

Wie im Verlaufe dieser Arbeit aufgezeigt wurde, nehmen Weblogs die Rolle der digitalen Wachhunde gerne ein. Ob dies aus der Sicht der Medien guter oder schlechter Journalismus ist, kümmert sie herzlich wenig. Blogs stellen eine veränderte Auffassung von Öffentlichkeit und Publizität dar. Tatsächlich sind Angebot und Nachfrage von Bloginhalten vorhanden und somit ist ein nicht uninteressanter Markt entstanden. Ein nicht kommerzialisierter Markt, der vermehrt eine junge, gebildete, nicht schlecht verdienende Zielgruppe an sich bindet. Einen Markt, um den sich die klassischen Medien reissen. Weblogs und klassische Medien stehen trotz grosser Unterschiede in Konkurrenz zueinander. Bestreben doch beide, Nutzer mit Informationen an sich zu binden. Die Medienkonzerne können nur mit vielen Nutzern Gewinne erwirtschaften. Die Abwanderung der Nutzer zu Blogs ist für sie eine schmerzvolle Entwicklung. Trotzdem scheint dies den Weblogs gelungen zu sein. Nur wenige Blogger verfolgen allerdings das Ziel einer Herstellung von Gegenöffentlichkeit. Ihnen geht es legendlich um den Spass am Publizieren. Gerade dieser Ansatz scheint sich als richtig zu erweisen, um im Internet Erfolg zu haben. Ob ein ähnliches Debakel eintrifft, wie es die Musikindustrie mit Napster und Co. erlebte, soll dahin gestellt werden. Blogger behaupten allerdings, dass ihre Angriffe auf die Monopole weitreichender sein werden, als die der Musiktauschbörsen. Den Medien ist sicherlich zu raten, der Tendenz des schlechteren Qualitätsniveaus im Internet entgegen zu wirken. Wie sie diesen Rat umsetzen sollen, ist nicht leicht zu beantworten. Folgende Vorschläge sollen als Denkanstoss dienen.

Die klassischen Medien könnten die Blogger für sich gewinnen, in dem sie ihnen Software und Webspace zur Verfügung stellen. Ein anderer Weg wäre, die sichtliche Abgrenzung von den Weblogs. Der eigene Standard im Internet sollte von den klassischen Medien so hoch gestellt werden, dass die Blogs mit ihnen nicht mehr konkurrieren können.

Im Allgemeinen, können sie noch viel von den Blogs lernen und sollten dies angesichts der Medienkrise auch wirklich tun. Meiner Meinung nach haben die Weblogs ein riesiges

Potential und in Zukunft werden sie an Bedeutung gewinnen, dennoch besteht die Gefahr der Kommerzialisierung. Wie sich das Ganze entwickeln wird, bleibt spannend, denn ein Ende des Weblog Booms scheint nicht in Sicht.[33]

9. Selbstkritische Beurteilung der Erarbeitung

Seit ich mich für dieses Vortragsthema entschieden hatte, war ich auf der Suche nach geeigneter Literatur. Im Internet wurde ich schnell fündig, doch bei näherer Betrachtung des gefundenen Materials stellte sich die Komplexität des Themas immer mehr heraus. Auch durch den Titel meines Themas Digitale Wachhunde: Medienkritik dank Weblog, wusste ich zeitweise nicht, auf welche Punkte ich genau einzugehen hatte und was eigentlich genau dargestellt werden sollte. Als Hauptteil meiner Erarbeitung kristallisierte sich mit der Zeit die Wechselwirkung zwischen Weblogs und Journalismus heraus. In der Bibliothek wurde ich leider bei meiner Literaturrecherche nicht fündig. Deshalb kaufte ich mir das Buch Blogs! – Text und Form im Internet. Aufgrund dieser Lektüre wurde mir einiges klar und vieles daraus beeinflusste die Struktur meiner Erarbeitung. Nach anfänglichen Schwierigkeiten machte es mir immer mehr Vergnügen, mich in das Thema zu vertiefen. Ganz bewusst bin ich nicht auf die herkömmlichen Medienkritik nicht eingegangen. Nach dem Einlesen dieses sehr komplexen Bereichs des Journalismus, stellte ich fest, dass eine Erwähnung dieser Thematik, nicht viel zum Verständnis beigetragen hätte. Viele Probleme ergaben sich sicherlich daraus, dass dieses Thema aufgrund seiner kurzen Geschichte und Aktualität noch nicht genügend erforscht ist. Anders gesagt; es fehlten mir Grundlagen und Erkenntnisse auf denen ich meine Arbeit hätte aufbauen können.

---

[33] Vgl. Alphonso, Blogs!, S.41ff.

10. Literaturliste

Lohmöller, Böh: „Blogs sind? Blogs sind!". In: Lehmann, Kai; Schetsche, Michael (Hrsg.): *Die Google-Gesellschaft: vom digitalen Wandel des Wissens.* Bielefeld: transcript, 2005.

Alphonso, Don; Phal, Kai (Hrsg.): *Blogs!: Text und Form im Internet.* Berlin: Schwarzkopf & Schwarzkopf Verlag, 2004.

Ein Projekt des Seminars "Neue Formen des Recherchierens" SS 2005 auf der Website der Universität Leipzig Institut für Kommunikations- und Medienwissenschaft, Abteilung Journalistik
www.recherchehilfen.de/recherche%20online_blog_a.htm (06.01.2006).

Website von Sven Przepiorka. Themen Schwerpunkte sind die Entwicklung von interaktiven Systemen für das World Wide Web und die Aktuelle Entwicklung der Weblogs.
www.tzwaen.com/publikationen/weblogs-einfuehrung (06.01.2006).

Medienheft des Katholischen Mediendienstes und der Reformierte Medien. Online unter:
http://www.medienheft.ch/kritik/bibliothek/k23_vonStreitAlexander.html (06.01.2006).

Der Watchblog zur Bild-Zeitung
www.bildblog.de (06.01.2006).

Weblog schaut "Bild"-Zeitung auf die Finger. Artikel von Fiete Stegers, auf tagesschau.de
www.tagesschau.de/aktuell/meldungen/0,1185,OID3481750_TYP6_THE_NAVSPM1_REF1
_BAB,00.html (06.01.2006).

Eintrag zum Thema Bild-Zeitung
http://de.wikipedia.org/wiki/Bild-Zeitung (06.01.2006).

Eintrag zum Thema Graswurzel-Journalismus
http://de.wikipedia.org/wiki/Graswurzel-Journalismus (06.01.2006).

11. Thesen für Diskussion

Weblogs werden in 3 bis 4 Jahren wichtigere Nachrichtenangebote sein als Tageszeitungen!

Der traditionelle Journalismus wird aus dem Internet verschwinden.

Firmen werden zukünftig Blogs als Werbeplattform nutzen, um ihre Produkte anzupreisen.

Weblogs sind das digitale Gedächtnis des Netzes.

Blogger als Hobbyschreiber sind nicht in der Lage, die Nutzer vollumfänglich zu informieren.